LES FÈTES D'HÉBÉ,

OU

LES TALENS LYRIQUES.

BALLET,

REPRÉSENTÉ POUR LA PREMIERE FOIS,

PAR L'ACADEMIE ROYALE DE MUSIQUE,

Le Jeudy vingt-un May 1739.

DE L'IMPRIMERIE

De JEAN-BAPTISTE-CHRISTOPHE BALLARD,

Seul Imprimeur du Roy, et de l'Academie Royale de Musique.

A Paris, au Mont-Parnasse ruë Saint-Jean-de-Beauvais.

M. DCCXXXIX.

AVEC PRIVILEGE DU ROY.

LE PRIX EST DE XXX. SOLS.

EXTRAIT

D'une Lettre, écrite à M. Rameau.

VOus me fachés beaucoup, Monſieur, quoi ? il faut abſolument que le Poëme d'un Ballet ſoit imprimé avant la Repréſentation ; je me flattois qu'on pourroit ſe ſouſtraire à l'uſage, & qu'il nous ſuffiroit d'expoſer ſimplement le ſujet de chaque Entrée. Songés donc que je n'ai jamais compté vous envoyer qu'un enchaînement de Scenes qui prêtaſſent à la Muſique & au Spectacle ; & en verité, des Scenes ainſi ſacrifiées ne prétendent point à la lecture.

Au moins, pour ma conſolation, quand des Connoiſſeurs vous reprocheront d'avoir travaillé ſur une Verſification bien différente de celle qui réuſſit aujourd'hui ; qu'ils ſçachent, je vous prie, que j'ai dit avant eux tout ce qu'ils pourront en dire. Eh ! que la Muſique de notre Ballet ſoit goûtée autant que je crois qu'elle mérite de l'être, et, pour cette fois ci, n'en demandons pas davantage.

PREMIERE ENTRÉE, LA POESIE.

SECONDE ENTRÉE, LA MUSIQUE.

TROISIEME ENTRÉE, LA DANSE.

ACTEURS, ET ACTRICES
des Chœurs du Prologue, et du Ballet.

CÔTE' DU ROY.		CÔTE' DE LA REINE.	
Mesdemoiselles	*Messieurs*	*Mesdemoiselles*	*Messieurs*
Dun,	Marcelet,	Antier-C.,	De Serre,
Delorge,	St. Martin,	Thetelette,	Louëtte,
Mignier,	Le Mesle,	Lavalée,	Gratin,
Duplessis,	Lefebvre,	Cartou,	Grossier,
Varquin,	Rimbault,	Deshaigles,	Deshais,
Bodot.	Buseau,	La Fontaine,	Mechain-C,
	François,	Coupée.	Gallard,
	Duplessis,		Bornet,
	Lorette,		Bourque,
	Houbault,		Duchenet.
	Fel.		

SUJET DU PROLOGUE.

HEbé verſoit le nectar à la table des Dieux; mais leur inconſtance ayant obligé cette Déeſſe à abandonner l'Olympe, elle chercha ſur la terre un azile plus heureux.

Natalis comes.

PROLOGUE.

ACTEURS CHANTANTS.

L'AMOUR, — Mlle. Bourbonois.
HE'BE', — Mlle. Fel.
MOMUS, — Mr. Cuvillier.
Chœur de Ris, et de Jeux.
Chœur de Thessaliens.

ACTEURS DANSANTS.

LES GRACES;

Mesdemoiselles Dalmand-L., Le Breton, Fremicourt.

ZEPHIR;

Monsieur Hamoche.

THESSALIENS;

Messieurs Savar, Javillier-C., La Croix.
Mesdemoiselles Petit, D'urocher, Erny.

La Scene est au pied du Mont-Olympe.

PROLOGUE.

Le Théâtre représente une Campagne riante. On découvre le Mont-Olympe dans l'enfoncement.

SCENE PREMIERE.

HEBÉ, MOMUS.

HEBÉ.

On, ne suivez point mes pas.

MOMUS.

Non, je ne vous quitte pas.

ENSEMBLE.

Je hais, { je fuis, / sans vous, } je déteste

Toute la troupe céleste.

{ Non, ne suivés point mes pas.
Non, je ne vous quitte pas.

MOMUS.

Vous m'évités envain, je vous suivrai sans cesse;
Rien ne peut séparer Momus de la Jeunesse.

HE'BE'.

Les plus fiers Immortels
Partageoient avec moi l'encens de leurs Autels!...
Lorsqu'au plus haut des Cieux j'avois droit de préten-
dre,
Ces Dieux trop inconstans me forcent d'en descendre!

MOMUS.

Ils font notre bonheur, en vous éloignant d'eux.
Nous voyons Jupiter lui-même
Abandonner le rang suprême;
Et parmi les Mortels chercher des jours heureux.

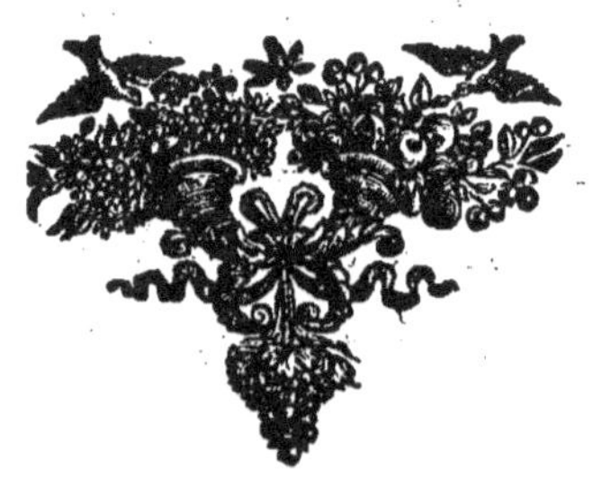

SCENE II.

SCENE II.

HE'BE', MOMUS, LES GRACES.

Une douce ſymphonie annonce les Graces; Une d'entr'elles porte l'Arc de l'Amour; Une autre porte ſon Carquois.

MOMUS.

LEs Graces dans ces lieux,
Pour calmer vos allarmes,
Conduiſent ſur vos pas le plus charmant des Dieux.

HE'BE'.

Entre leurs mains je reconnois ſes armes.

MOMUS.

Amour vous cherche; Amour va renoncer aux Cieux.

Danſes des Graces.

HE'BE' ET MOMUS.

Séduiſantes Immortelles;
Mille charmes divers,
Par vos faveurs toujours nouvelles,
Animent l'Univers;
Et tout languit ſans elles.

Une des Graces va prendre l'Amour; & les deux autres lui remettent ſes armes.

SCENE III.

L'AMOUR, LES GRACES, HE'BE', MOMUS; Suite de l'AMOUR.

L'AMOUR.

PRès de l'Objet de sa vive tendresse,
Venus soutient l'empire de l'Amour;
Et l'Amour vient former la cour
De l'aimable Jeunesse.

HE'BE'.

Je ne regrette plus
Le séjour du tonnerre:
Les Graces, l'Amour, & Venus
Ont leur empire sur la terre;
Je ne regrette plus
Le séjour du tonnerre.

MOMUS.

Chérissés, chérissés le jour qui vous rassemble,
Jeunesse, Amour, soyés toujours ensemble.

TOUS TROIS ENSEMBLE.

Chérissés, chérissés / *Chérissons, chérissons* } *le jour qui* { *vous* / *nous* } *rassemble:*
Jeunesse, Amour, { *soyés* / *soyons* } *toujours ensemble.*

SCENE IV.

L'AMOUR, HE'BE', CHOEUR de Thessaliens.

L'AMOUR.

Fortunés habitans
De ces prochains boccages :
Dans vos jeux, dans vos chants,
Qu'Hébé reçoive vos hommages.

CHOEUR.

Que jusqu'aux Cieux s'élevent nos accords ;
Et que du fond de sa grotte profonde,
L'Echo réponde
A nos transports.

Danse des Thessaliens.

HE'BE'.

Accourés, riante Jeunesse,
L'Amour veut regner parmi nous.
Fuyés, Tristesse,
Fuyés, Jaloux ;
Ce n'est jamais pour vous
Que ce Dieu s'interesse.
Accourés, riante Jeunesse,
L'Amour veut regner parmi nous.

Les Thessaliens continuent leurs Danses.

L'AMOUR.

Qu'avec l'Amour, Hebé soit partout souveraine.

HEBE'.

Fixons notre séjour aux plus riants climats.

L'AMOUR.

Volons, volons sur les bords de la Seine.

ENSEMBLE.

Fixons notre séjour aux plus riants climats.

L'AMOUR.

Sur ces bords j'assemble pour plaire,
Les Belles dont mon art augmente les appas;
C'est toujours sur leurs pas
Que je cherche les jeux échapés de Cythere.

ENSEMBLE.

Fixons notre séjour aux plus riants climats.

L'AMOUR.

Vole, Zephire; Hébé t'apelle;
Vole, ameine ta Cour.
Transportons la jeune Immortelle
Dans le plus aimable séjour;
Il va réunir auprès d'elle
La Volupté, les Graces, & l'Amour.
Vole, Zephire; Hébé t'apelle.

SCENE V.

ZEPHIRE, ET LES ACTEURS de la Scene précédente.

ZEPHIRE après avoir voltigé autour des Graces, va joindre une troupe de Zephirs qui ſoutiennent un Char deſtiné pour HE'BE'.

HE'BE'.

VOlons, volons ſur les bords de la Seine,
Par des Concerts mélodieux,
Animons les plaiſirs qui regnent dans ces lieux.

L'AMOUR ET HE'BE'.

Volons, volons ſur les bords de la Seine.

HE'BE'.

Que Polimnie avec ſes ſœurs,
Des Talens qu'on cherit ſur la lyrique Scene
Faſſe triompher les douceurs.

ENSEMBLE.

Volons, volons ſur les bords de la Seine.

L'AMOUR.

La Jeuneſſe, et les Ris ont des attraits brillans:
Mais leur victoire eſt incertaine
Sans l'heureux ſecours des Talens.

ENSEMBLE.

Volons, volons ſur les bords de la Seine.

HE'BE' monte dans le Char. ZEPHIRE & l'AMOUR volent à ſes côtez.

CHOEUR de Ris & de Jeux.

Volés, Zephirs;
Tout vous en preſſe.
Tranſportés la Jeuneſſe
Au ſéjour des Plaiſirs.

FIN DU PROLOGUE.

PREMIERE ENTRÉE.

LA POËSIE.

SUJET.

SApho, surnommée dans l'antiquité la dixiéme Muse, florissoit à Lesbos en même tems qu'Alcée un des plus fameux Poëte de la Grece.

Ce n'est point ici Sapho telle que l'Histoire la dépeint dans les dernieres années de sa vie ; c'est Sapho jeune encore, touchée des talens d'Alcée, goûtant les charmes du mistere, & digne des hommages d'une Cour éclairée.

On a supposé l'éxil d'Alcée, pour jetter de l'interêt, s'il est possible, dans une Entrée de Ballet ; l'action se passe dans la journée même où l'Arrêt d'Alcée est prononcé. On tache enfin de conserver à ce Poëte le caractere emporté que lui donne Horace.

Alcæi minaces Camœnæ.

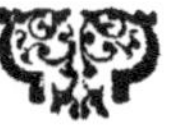

PERSONNAGES CHANTANTS.

HYMAS, *Roi de Lesbos*,	Mr. Dun.
SAPHO, *Lesbienne, celebre par ses Vers*,	Mlle Eeremans.
ALCE'E, *Poëte aimé de Sapho*,	Mr. Albert.
THE'LEME, *Favori du Roi*,	Mr. Jelyot.
Suite d'Hymas,	
UNE JEUNE ESCLAVE *représentant une Nayade*,	Mlle. Fel.
UN ESCLAVE, *représentant le Dieu d'un Fleuve*,	Mr. Gouget.
AUTRE ESCLAVE *représentant le Dieu d'un Ruisseau*,	Mr. Mechain.
Chœur de Mariniers.	

PERSONNAGES DANSANTS.

MARINIERS ET MARINIERES;

Mademoiselle Dalmand-L.;

Messieurs Thessier, Hamoche, Malter-L. Dangeville;

Mesdemoiselles Thiery, St. Germain, Courcelle;

Monsieur Malter-3., Mademoiselle Mariette;

Messieurs Malter-C., Matignon;

Mesdemoiselles Le Breton, Courcelle.

La Scene est à la campagne dans un bosquet de la maison de Sapho

PREMIERE

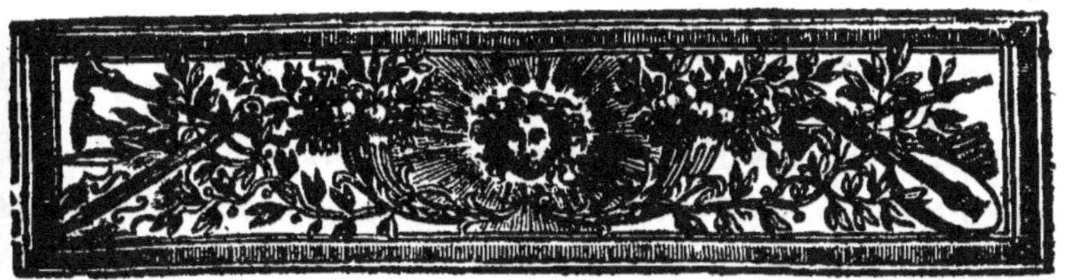

PREMIERE ENTRÉE.

LA POËSIE.

Le Théâtre repréſente un Boſquet, dans le fond duquel on diſtingue deux Portiques de Verdure.

SCENE PREMIERE.

SAPHO ſeule.

Bois chéri des Amours, que vous êtiés charmant,
Quand vos retraites ſombres
Raſſembloient ſous leurs ombres,
Et les Plaiſirs, et mon Amant!
Bois chéri des Amours, que vous êtiés charmant!

Souvenir trop aimable,
Eloignés-vous de moi.
Aux injuſtes rigueurs d'un éxil effroyable,
Le Roi condamne Alcée; et l'Arrêt qui m'accable
Nous ſépare, au moment qu'il me donnoit ſa foi.

Je cache envain mes feux, ils irritent Théleme;
Et je connois sa trahison.
Sa faveur près du Roi confirme mon soupçon.
Oui, Théleme jaloux... Mais je le vois lui-même...
Qu'il excite en mon cœur de haine & de courroux!

SCENE II.

SAPHO, THE'LEME.

THE'LEME dans le fond du Théâtre.

CEssés de m'agiter, vains Remords, taisés-vous,
L'Amour me justifie.

SAPHO, à part.

Son trouble le trahit; je vois sa perfidie.

THE'LEME.

Tandis qu'Hymas, avec sa Cour,
Par la Chasse entraîné, dans la Forêt s'égare;
De la Cour, et d'Hymas, Sapho, je me sépare;
Tout entraîne Théleme en cet heureux séjour.
Quand Sapho vient se rendre
Dans un bois écarté;
Vient-elle s'applaudir d'avoir sa liberté,
Ou goûter en secret les douceurs d'un cœur tendre?

SAPHO.

Sans cesse, les Oiseaux font retentir les airs
Dans cet azile solitaire:
Comme leurs chants, et ma voix, et mes vers
Célebrent l'Amour & sa Mere.

THE'LEME.

Quittés un vain détour...

Alcée...

SAPHO à part.

O Dieux!

THE'LEME.

Alcée a sçû vous plaire...

SAPHO.

Non, non, c'est sans aimer que je chante l'Amour;
Je le fuis... si j'aimois, en ferois-je mistere?

THE'LEME.

En s'enflammant pour vous,
Un Amant malheureux doit craindre
Les plus funestes coups.
Mon cœur ne sent que trop, combien on est à plaindre
En s'enflammant pour vous.

SAPHO.

à part.

Quoi, mes foibles attraits?... Ah perfide Théleme!

THE'LEME.

Mon trouble extrême,
Mes transports, vos appas,
Tout ne vous dit-il pas,
Sapho, que je vous aime?

SAPHO.

Eh bien, si vous m'aimés, j'éxige que du Roi
Vos soins obtiennent une grace.
Dans les Bois d'alentour il va suivre la Chasse...
Dois-je espérer?...

THE'LEME.

Parlés; vous pouvés tout sur moi.

SAPHO.

Conduisés-le, Théleme, en ce séjour champêtre
Où des Jeux préparés...

THE'LEME.

Il va bien-tôt paraître;
Mais sur mes feux...

SAPHO.

Allés; si je l'obtiens de vous,
Le bonheur que j'attens me semblera plus doux.

SCENE III.

SAPHO, ALCE'E.

SAPHO.

Contrainte trop cruelle!
Que vois-je? O Dieux! Alcée! Alcée est-il rebelle?

ALCE'E.

On me condamne envain par d'odieuses loix ;
Et ce n'est que de vous, Sapho, que j'en reçois.
Prononcés.

SAPHO.

Non ; le Dieu qui nous rassemble,
Nous accordera son appui.
Mais apprenés tous les crimes ensemble ;
C'est un rival jaloux qui vous perd aujourd'hui ;
Théleme. . .

ALCE'E.

Contre moi Théleme se déclare !

SAPHO.

C'est un rival jaloux qui vous perd aujourd'hui.

ALCE'E.

Par les horreurs du noir Tartare
Que l'Amour outragé
Soit vangé.

Que les tourmens qu'on y prépare ;
Pour les cœurs criminels
Soient encor plus cruels.

Par les horreurs du noir Tartare
Que l'Amour outragé
Soit vangé.

SAPHO.

Envain contre Théleme
Vous excités des Dieux la vangeance suprême :
Cessés de l'implorer, cessés ;
Théleme vous trahit ; il m'aime ;
Mon cœur vous vange assez.

Le Perfide séduit par des promesses vaines,
Conduit ici le Roi ; je l'attens ; et je veux
Par nôtre Art, par mes Vers, que tout sente les peines
Des Amans malheureux.
L'Amour va triompher, il ordonne mes jeux.

ENSEMBLE.

Dieu des Vers, à tes chants l'Amour prête des charmes,
A ton tour,
Viens seconder l'Amour.
Dieu des Vers, viens unir ton pouvoir à ses armes.

Bruit de Chasse.

SAPHO.

Le bruit des Cors annonce Hymas...
L'Amour va triompher, ne vous éloignés pas.

ALCE'E se cache derriere un feuillage.

SCENE IV.

HYMAS, SAPHO, THE'LEME; Suite d'HYMAS.

SAPHO.

Votre auguste présence,
Seigneur, comble nos vœux.
Je ne desire rien, si ma reconnoissance
Eclate aujourd'hui dans mes Jeux.

HYMAS.

On doit voler, quand Sapho nous appelle.
Les Muses & les Arts se plaisent auprès d'elle;
J'aime à la voir partager avec eux
Une gloire immortelle;
On doit voler, quand Sapho nous appelle.

HYMAS, SAPHO, et THE'LEME se placent pour voir la Fête qui commence.

SCENE V.

PLUSIEURS ESCLAVES de SAPHO jouans différens Rôles dans une Fête allégorique qu'elle fait éxécuter.

Le fond du Théatre s'ouvre, pour laisser voir, à travers des Portiques de Verdure, un lointain frappé de lumiere : Le point de vûe est terminé par le cours d'un Fleuve, & l'on apperçoit, sur le devant de la Décoration, UNE NAYADE couchée sur son Urne.

CHOEUR DE MARINIERS.

„ *Dansons tous, chantons,*
„ *Dansons, profitons,*
„ *Des plus doux momens ;*
„ *Des momens charmans*
„ *Pour d'heureux Amans.*
„ *Les langueurs, les larmes,*
„ *Les soins, les soupirs,*
„ *Les allarmes*
„ *Ne troublent point nos plaisirs.*
„ *Dansons, chantons tous,*
„ *Profitons des plus doux momens,*
„ *Des momens charmans*
„ *Qui sont faits pour nous.*

LA NAYADE.

LA NAYADE.

„ *Mortels, que le plaisir ameine,*
„ *Fuyés ces tristes bords.*
„ *Vos chants, vos doux transports,*
„ *Tout irrite ma peine.*
„ *Fuyés ces tristes bords.*

Les Mariniers se retirent.

LA NAYADE.

Le Ruisseau que j'aimois, inconstant & parjure,
Méprise mes soupirs, il détourne son cours.

„ *Je n'entends plus le doux murmure*
„ *Qu'il me juroit que j'entendrois toujours.*

Le Ruisseau que j'aimois, inconstant & parjure,
Méprise mes soupirs, il détourne son cours.

es plaintes de la LA NIMPHE sont troublées par un bruit souterrain.

LE CHOEUR revient.

„ *Ciel! le Fleuve agite son Onde,*
„ *Il nous menace, il gronde;*
„ *Courons, prévenons son courroux;*
„ *Pour l'appaiser, courons, empressons-nous.*

LE FLEUVE.

„ *Peuple, rassurés-vous.*

„ *Ah, Nymphe, de vos plaintes*
„ *Quels cœurs ne ſeroient pénétrés?*
„ *Je viens calmer vos craintes;*
„ *Vous reverrés l'Amant que vous pleurés,*
„ *Vous verrés près de vous augmenter ſa tendreſſe.*

LA NAYADE.

„ *Trop flateuſe promeſſe!*

LE FLEUVE.

„ *Le cours impétueux*
„ *De mon Onde rapide,*
„ *A changé de ce Dieu la pente qui le guide:*
„ *Mais j'ignorois vos feux.*

LA NAYADE.

„ *Hélas! dans mon cœur tout l'appelle;*
„ *Il eſt conſtant, rendés-le moi.*
„ *Je l'aimerois encor, s'il eût manqué de foi;*
„ *Jugés de mon ardeur, quand je le ſçais fidele.*

LE FLEUVE.

„ *Revenés, tendre Amant, embelliſſés ces lieux;*
„ *L'Amour vous y promet le ſort le plus heureux.*

CHOEUR.

„ *Revenés, tendre Amant, embeliſſés ces lieux;*
„ *L'Amour vous y promet le ſort le plus heureux.*

endant le Chœur qui répete les deux derniers Vers, on voit avancer, au fond du Théâtre, une Toile d'argent qui imite le cours d'un Ruisseau; & bientôt le Dieu de ce Ruisseau paroît sur son Onde.

LA NAYADE, ET LE RUISSEAU.

Je vous revois; tout céde à la douceur extrême
„ De retrouver l'Objet qu'on aime.

J'ai vû troubler mes eaux, des pleurs que j'ai versés:
Perdons le souvenir de nos tourmens passés,

Je vous revois; tout céde à la douceur extrême
„ De retrouver l'Objet qu'on aime.

FIN DE LA FESTE ALLEGORIQUE.

SCENE VI.

HYMAS, SAPHO, THE'LEME.

HYMAS, en se levant.

Mon cœur est enchanté des tendres sentimens
Que dans vos Jeux on voit paraître.
Heureux qui peut être le maître
De terminer les maux de deux parfaits Amans.

SAPHO, aux trois Esclaves.

La liberté que Sapho veut vous rendre
Sera le prix des soins que vous venés de prendre.
Allés ; je vous la doi ;
Soyés heureux, et plus heureux que moi.

Les Esclaves sortent.

HYMAS.

Au bonheur de Sapho qui peut être contraire ?

SAPHO.

Un Arrêt rigoureux.
Sans mériter votre colere,
Alcée est menacé du sort le plus affreux.
Qu'en son exil je puisse au moins le suivre.

THE'LEME, à part.

O Dieux !

HYMAS.

Alcée !

SAPHO.

Helas ! sans lui je ne puis vivre.

HYMAS.

A vos divins Talens il devra son retour.

THE'LEME, à part.

Ciel! de ma trahison je deviens la victime...
Fuyons.

SCENE VII.

HYMAS, SAPHO, ALCE'E.

SAPHO.

VEnés, Alcée.

ALCE'E.

Au transport qui m'anime...

HYMAS.

Je ne vois plus en vous que le seul crime
De m'avoir caché vôtre amour.
Célébrés le pouvoir d'une Muse touchante,
Vous qui formiés ici les Concerts les plus doux;
Venés, Troupe riante,
Venés, rassemblés vous.

HYMAS, ET ALCE'E.

Chantés Sapho, chantés sa gloire;
Que son triomphe & que son nom,
Gravés au Temple de Mémoire,
Soient celebrés dans le sacré Valon.

CHOEUR.

Chantons Sapho, chantons, &c.

Sapho & Alcée reconduisent le Roi; Et les Danses recommencent.

SCENE VIII.

SECOND DIVERTISSEMENT.

UN ESCLAVE.

Fais loin de nous éclater ta fureur
Noir Aquillon ; que ton ravage
Ne porte plus le trouble & la terreur
Sur ce rivage.
Fuis ; laisse-nous goûter, après l'orage,
D'un calme heureux la tranquille douceur.
Fais loin de nous éclater, &c.

Danse des Mariniers.

UNE JEUNE ESCLAVE.

Un jour passé dans les tourmens,
Paroît aux vrais Amans
Aussi long que la vie :
Mais il est des momens ;
Dieux, quels momens ! où l'on oublie
Les jours passés dans les tourmens.

SAPHO ET ALCE'E.

Dieu charmant, Dieu qui nous blesse,
Lance tes traits.
Sur nos cœurs regne sans cesse,
Lance, Dieu plein d'attraits,
Lance tes traits.

CHOEUR.

Chantons Sapho, chantons sa gloire, &c.

FIN DE LA PREMIERE ENTRE'E.

SECONDE ENTRÉE.

LA MUSIQUE.

SUJET.

TIrtée fut envoyé d'Athenes aux Lacédémoniens, pour commander dans la guerre qu'ils avoient contre les habitans de Méssene : L'assassinat de Téléclès, prédécesseur de Licurgue, étoit le principal sujet de cette guerre : le courage se ralentissoit de part & d'autre; mais Tirtée, instruit dès son enfance dans l'Art séduisant de la Musique, rassembla un jour tout le peuple de Lacédémone, en chantant sur le TON LYDIEN, & passant tout à coup au MODE PHRYGIEN, sa voix inspira tant d'ardeur aux soldats, qu'ils volerent au champ de bataille ; et Lacédémone remporta une victoire qui sembloit pancher du côté de l'armée de Méssene.

Platon. Plutarque.

PERSONNAGES CHANTANTS.

LICURGUE, *Roi de Lacédémone*, Mr. Berard.

LIPHISE, *Princesse du Sang de Licurgue*, Mlle. Pellissier.

TIRTE'E, *fameux Chef des Lacédémoniens, dont l'Art étoit connu pour exciter le courage des soldats par le secours de la Musique*, Mr. Le Page.

Suite de LICURGUE.

Chœur des Lacédémoniens.

PERSONNAGES DANSANTS.

PAS DE CINQ;

UN AMOUR, Mr. D-Dumoulin;

LE GENIE.
- D'APOLLON, Mr. Javillier-3.
- DE MARS, Mr. Dupré.
- DE LA VICTOIRE, Mlle. Dalmand-L.
- DE L'HYMEN. Mr. Malter-3.

GUERRIERS;

Messieurs Savar, Javillier-C., Dumay, & Dupré.

LACE'DE'MONIENNES;

Mesdemoiselles Petit, Durocher, Erny, Saint-Germain.

La Scene est sous le Péristile d'un Temple.

SECONDE ENTRÉE.

LA MUSIQUE.

Le Théâtre repréſente le Periſtile d'un Temple.

SCENE PREMIERE.

IPHISE, ſeule.

Pour rendre à mon himen tout l'Olympe propice,
On offre dans le Temple un pompeux ſacrifice;
Vole, Amour, ſeconde nos vœux,
Qu'à ton flambeau l'hymen puiſſe allumer ſes feux.

Ce grand Jour, cher Tirtée,
Ce jour qui va combler l'eſpoir le plus flateur,
Me retrace l'inſtant où mon ame agitée
Reconnut un Vainqueur.

Tu chantois, & ta Lyre
Formoit de ſi beaux ſons,
Que le Dieu ſeducteur, qui prit ſoin de t'inſtruire,
Cherche à les imiter dans ſes tendres chanſons.

E

La plus ardente flamme
S'empara de mes ſens.
Que tu connois, Amour, de chemins differents
Pour triompher d'une ame!

****

SCENE II.

LICURGUE, IPHISE, Suite DE LICURGUE.

IPHISE.

MAis le Roy ſort du Temple; allons le recevoir.

LICURGUE.

Iphiſe, à vôtre himen le ciel met un obſtacle.

IPHISE.

O Dieux!

LICURGUE.

Ecoutés leur oracle.

IPHISE.

O Mortel déſeſpoir!

LICURGUE.

Peuple; la main d'Iphiſe
A Tirtée eſt promiſe.
Sans l'aveu de la gloire on forme ces liens.
Le Ciel, qui pour vous s'intereſſe,
Deſtine à la Princeſſe
Le Vainqueur des Méſſéniens.

IPHISE.

Que n'ai-je differé l'aveu de ma tendresse?

LICURGUE.

Tirtée, au pied de nos Autels,
Vient de faire à l'instant des serments solemnels;
C'est vous qu'il en atteste;
Il se livre aux horreurs de la haine céleste,
Si l'orgueil de nos Ennemis
Dans ce jour même n'est soumis.

IPHISE.

Serment trop téméraire!

LICURGUE.

Mes sujets empressés s'assemblent sur ses pas....
Son art va les forcer à braver le trépas.

IPHISE.

Ah! si tu veux que Mars ne nous soit pas contraire,
Amour, à nôtre sort interesse ta Mere.

SCENE III.

LICURGUE, IPHISE, TIRTE'E, CHOEUR de LACE'DE'MONIENS, entraînés par le chant de TIRTE'E.

TIRTE'E.

Mortels, pour être heureux,
Cherchés, cherchés à l'être.
Pour le bonheur ſans ceſſe on fait des vœux :
Il ſe préſente à nous : mais il faut le connaître,
Mortels, pour être heureux.

Qui te retient, Lacédémone?
L'Ennemi trop long-temps eſt au pied de tes murs.
Le Ciel, en ta faveur, le ciel menace, tonne ;
Cours au Combat, tes coups ſont ſurs.
Qui te retient, Lacédémone?

CHOEUR.

LACE'DE'MONIENS.	LACE'DE'MONIENNES.
Marchons, Commandés-nous,	*Quelle gloire pour nous !*
Nous allons-tous	*Ils veulent-tous*
Triompher avec vous.	*Triompher avec vous.*

TIRTE'E.

Ah, que la Victoire a de charmes !
Elle vole après nous. Lacédémone, aux armes.

CHOEUR.

Aux armes, {courons / courés} aux armes.

LICURGUE.	IPHISE.
Quelle gloire pour vous !	*Quelle gloire pour nous !*
Vous allez-tous	*Ils veulent-tous*
Triompher avec nous.	*Triompher avec vous.*

TIRTE'E.

Télécles immolé par un peuple rebelle,
Du fond de son tombeau, pour le vanger, t'appelle.

CHOEUR.

Marchons, Commandés-nous,
Nous allons-tous
Triompher avec vous.

TIRTE'E.

Ah, que la Victoire a de charmes !

LICURGUE, IPHISE, TIRTE'E.

Lacédémone, aux armes.

CHOEUR.

Aux armes, {couronsn / courés} aux armes.

LICURGUE, ET TIRTE'E, mettent l'épée à la main et marchent à la tête des Guerriers qui sortent en désordre.

SCENE IV.

IPHISE,

CHOEUR DE LACE'DE'MONIENNES.

IPHISE.

O Mort, n'exerce pas ta rigueur inhumaine
Sur nos Guerriers.
Frappe, détruis les guerriers de Méssene.
Laisse-nous cueillir les lauriers
Dont l'Himen veut former ma chaîne.

O Mort, n'exerce pas ta rigueur, &c.

IPHISE, ET LE CHOEUR.

Réponds, Oracle de nos Dieux;
Dissipe les horreurs que la crainte fait naître.
Des fiers Méséniens Licurgue est-il le Maître?
Tirtée est-il victorieux?
Réponds, Oracle de nos Dieux.

IPHISE, aprochant de la porte du Temple.

Tirtée est-il victorieux?

L'ORACLE.

Son destin et le tien vont paroître à tes yeux.

SCENE V.

Un Amour ſort du Temple, & ſe joint au Génie d'Apollon; le Génie d'Apollon entraîne le Génie de Mars; ils s'uniſſent pour attirer le Génie de la Victoire; le Génie de la Victoire enfin eſt ſuivi d'un Amour qui porte le flambeau de l'Himen; Et ces differentes Entrées forment un Ballet, qui par ſes liaiſons, aprend à IPHISE le ſuccés qu'elle doit attendre.

IPHISE.

AH, le plaiſir s'accorde avec la gloire!
Que nos cœurs vont jouir d'un aimable repos!
Entre Mars & l'Himen, la brillante Victoire....
Mais je vois le Héros.

SCENE VI.

IPHISE, TIRTE'E.

IPHISE.

CHer Prince, quel triomphe!

TIRTE'E.

A peine
Nous joignions le camp de Méſſene,
Nos Guerriers, par ma voix au combat animés,
Font éclater le plus ardent courage;

Dans les horreurs de Mars nos Ennemis formés,
Sur nous, ont d'abord l'avantage :
J'appelle alors la Mort, j'excite le carnage...
Et mes plus doux accens rendent graces aux Dieux.

IPHISE.

Je connois leur justice à vos faits glorieux.

SCENE VII.

LICURGUE, IPHISE, TIRTE'E,
CHOEUR de LACE'DE'MONIENS qui reviennent armés.

LICURGUE.

Aimés, aimés d'une ardeur mutuelle ;
La Gloire vient unir de si tendres amours.

TOUS TROIS ENSEMBLE.

Aimons / *Aimés* } *d'une ardeur mutuelle.*
Unissons, unissons / *La Gloire vient unir* } *de si tendres amours.*
Charmés d'une chaîne si belle,
Nous redirons / *Vous redirés* } *toûjours :*
Aimons d'une ardeur mutuelle.

SCENE VIII.

SCENE VIII.

ifferents Nuages, chargés de Trompettes, de Timbales, de Hautbois, & de Bassons, descendent sur le Théâtre; l'Orchestre s'unit à ce nouveau Concert.

TIRTE'E.

MAis qu'entens-je?... Apollon veut aussi prendre part
Aux succés de son Art.
La tendre Mélodie,
Les Eclatans Concerts
Qui remplissent les airs;
Tout confirme l'aveu du Dieu de l'Harmonie.

LICURGUE, ET IPHISE.

A ces divins accords, Guerriers, joignés vos voix,
Chantés, chantés la gloire de nos Armes.

LICURGUE, ET TIRTE'E.

Chantés Iphise, et célébrés ses charmes:
Nous devons à l'Amour nos glorieux Exploits.

CHOEUR.

Chantons, chantons la gloire de nos Armes, &c.

Danse des GUERRIERS.

IPHISE, ET LE CHOEUR.

Eclatante Trompette, annoncés nôtre gloire,
Sonnés, publiés la Victoire.

Répondés-nous, tendres Hautbois,
Célébrés les plus grands Exploits.

Eclatante Trompette, &c.

Danse des LACE'DE'MONIENS.

IPHISE.

Voltigés, Ris, & Jeux,
Régnés; par mille nouveaux charmes,
Bannissés de ces lieux
Les cruelles allarmes.
Voltigés, Ris & Jeux.

IPHISE, ET LE CHOEUR.

Eclatante Trompette, annoncés, &c.

LICURGUE, IPHISE, ET TIRTE'E.

Les Plaisirs exilés
Sont rapellés;
La Victoire les ramene:
Que pour jamais
Elle les enchaîne
Avec la paix.

CHOEUR.

Eclatante Trompette, annoncés nôtre gloire,
Sonnés, publiés la Victoire,

FIN DE LA SECONDE ENTRE'E.

TROISIÉME ENTRÉE.

LA DANSE.

SUJET.

MErcure, ſelon pluſieurs Mitologiſtes, étoit le Dieu de tous les Arts. Paroîtra-t-il hors de vrai-ſemblance qu'on l'ait repréſenté amoureux d'une Bergere, qui mérite, par ſes talents, d'être admiſe à la Cour de Terpſicore ?

PERSONNAGES CHANTANTS.

MERCURE, Mr. Jelyot.
EGLE', *Bergere*, Mlle. Mariette.
EURILAS, *Berger*, Mr. Dun.
PALEMON, *Berger joüant du Hautbois.*
Chœur de Bergers, et de Bergeres.

PERSONNAGES DANSANTS.

TERPSICORE.

Mademoiſelle Sallé.

NIMPHES DE TERPSICORE.

Meſdemoiſelles Dalmand-L., Le Breton, Fremicourt, Courcelle, Thiery, Erny.

FAUNES.

Meſſieurs Javillier-3. La Croix.

SILVAINS;

Meſſieurs Matignon, Theſſier.

BERGERS;

Meſſieurs F. Dumoulin, P. Dumoulin, Dumay, Dupré, Malter-L., Hamoche.

La Scene eſt dans un Boccage.

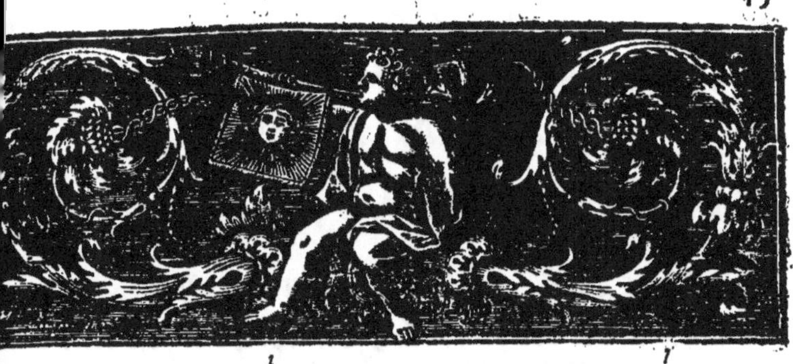

TROISIÉME ENTRÉE.

LA DANSE.

Théâtre représente un Boccage ; On découvre un Hameau dans l'éloignement.

SCENE PREMIERE.

MERCURE, seul.

Que de plaisirs l'Amour m'aprête !
Le plus aimable Objet doit être la conquête
Qu'il me promet dans ce hameau :
Mais pour jouir d'un triomphe plus beau,
Mercure, comme un Dieu, ne veut point y paroître...
n aproche... évitons de me faire connoître.

SCENE II.

EURILAS, seul.

AMants, voulés-vous qu'une Belle,
Des feux dont vous brûlés, soit éprise à son tour?
Déguisés auprès d'elle,
L'excès de vôtre amour.

SCENE III.

MERCURE sans Caducée, EURILAS.

MERCURE.

LE Hameau se prépare à célébrer des jeux.
D'où naissent ces transports?

EURILAS.

C'est dans ce jour heureu[x]
Qu'Amour va m'accorder la faveur que j'espere.
Aux Autels de l'Hymen, Eglé porte ses vœux;
C'est pour le choix qu'elle va faire
Qu'on voit par les plaisirs, le Hameau rassemblé.

MERCURE.

Etranger en ces lieux, je ne sçai point encore
Quels sont, et les desseins, et les appas d'Eglé.

EURILAS.

De l'art de Terpſicore
Eglé nous enſeigna les Loix.
a azile charmant, réveré dans ces bois,
ous offre chaque jour, ſous les yeux de l'Aurore,
es jeux qu'Eglé conduit au ſon de nos Hautbois.

Pour prix de ſes ſoins, de ſon zele,
rpſicore l'engage à choiſir un Epoux,
Et lui promet la chaîne la plus belle.

MERCURE.

ce choix glorieux doit ſe fixer ſur vous?

EURILAS.

lé de ſon ardeur me fait encor miſtere:
ais je vois mes rivaux, trop empreſſés à plaire,
ıpirer, & gémir dans leurs fers malheureux;
J'aime, ſans me plaindre comme eux.

Amants, voulés-vous qu'une Belle,
s feux dont vous brûlés, ſoit épriſe à ſon tour?
Déguiſés auprès d'elle,
L'excès de vôtre amour.

MERCURE.

n, non, ce n'eſt qu'à vous qu'Eglé rendra les armes;
s feux ſi bien conduits ſeront récompenſés

On entend le ſon d'un Hautbois.

EURILAS.

ſa danſe elle vient faire briller les charmes;
je crains de montrer des ſoins trop empreſſés.

SCENE IV.

MERCURE, EGLÉ, PALÉMON.

EGLÉ est ornée d'une Guirlande de fleurs, qui doit être présentée au Berger qu'elle va choisir ; Elle arrive en dansant, au son du Hautbois de PALÉMON ; ET MERCURE s'accorde à ce Hautbois, en chantant l'Air que danse EGLÉ.

MERCURE.

TU veux avoir la préférence,
Berger, au son de ton Hautbois,
Crois-tu d'Eglé guider encor la Danse?
Non, non, c'est le son de ma voix.

Graces, quittés Cythere,
Venés sur ce gazon,
Pour danser, et pour plaire,
Venés de la Bergere
Prendre Leçon.

Tu veux avoir la préférence. &c.

EGLÉ sourit, en dansant près de MERCURE, PALEMON jaloux, marque son dépit, & sort.

MERCURE.

Mais il fuit... il soupire...
Il brise son Hautbois... ah! si de son couroux
Eglé ne fait que rire,
Que ce dépit me sera doux!

SCENE V.

SCENE V.

MERCURE, EGLE'.

EGLE', à part.

PAr quel enchantement me laiſſai-je ſurprendre ?
Dieux, quel eſt ce Berger ?

MERCURE.

Mon cœur, juſqu'à ce jour,
Avoit ſçu ſe défendre
Des attraits de l'Amour ;
Et j'eſperois de ne jamais m'y rendre.
J'aprens à ſoupirer, Eglé, c'eſt dans vos Jeux ;
C'eſt par vous que je ſçais qu'il faut enfin qu'on aime :
Je ne ſçais, en aimant, ſi l'on peut être heureux ;
L'aprendrai-je de même ?

EGLE'.

Que lui dirai-je ? helas, tous mes ſens ſont troublés !

MERCURE.

Vous ne répondés point ; parlés.

EGLÉ.

Une tendre Bergere
Emprunte vainement
Un langage sévere.
La feinte se dément,
Quand l'Amant
Sçait lui plaire.

MERCURE.

Maître des Cieux, vos grandeurs ne sont rien;
Le cœur d'Eglé lui seul est le souverain bien.

Vous mérités des vœux plus éclatants encore;
Reconnoissés Mercure épris de vos attraits,
Il sent pour vous les feux les plus parfaits,
Mercure vous adore.

EGLÉ.

Mon cœur, à ses transports,
Reconnoit un pouvoir suprême....
Helas, pour les cacher, j'ai fait de vains efforts!

MERCURE.

Eh, c'est ainsi qu'Amour veut que l'on aime!

EGLÉ.

Il veut qu'on aime constament.

MERCURE.

Je deviens pour Eglé le plus fidele amant...

EGLÉ.

Eh, c'est ainsi qu'Amour veut que l'on aime!

MERCURE.

Non, non, je n'aimerai que vous:
Mon bonheur dépendra du vôtre.

ENSEMBLE.

Non, non, je n'aimerai que vous:
Mon bonheur dépendra du vôtre.
Ah, que nôtre sort sera doux
De vivre l'un pour l'autre!
Non, non, je n'aimerai que vous.

Le son des Musettes, annonce les Bergers du Hameau.

MERCURE.

On vient.... & vous allés déclarer vôtre Epoux.

EGLÉ.

Non, non, je n'aimerai que vous.

SCENE VI.

MERCURE, EGLÉ, EURILAS, CHOEUR DE BERGERS.

UNE BERGERE, et le Chœur.

L'Amour regne en ces Bois ;
Himen, c'est par nos voix
Qu'en ce jour il t'implore.

LA BERGERE.

Confonds si bien
Ton Empire & le sien,
Que sans cesse on ignore
Qui des deux
Sçait rendre plus heureux.

Danses des Bergers, amoureux d'EGLÉ.

EGLÉ, à MERCURE.

C'est pour l'Amour que nos Hameaux sont faits ;
Nos Bergers sont toujours sinceres,
Et l'on ne voit jamais
D'infidelles Bergeres.
Quand un Amant espere un doux retour ;
Ce n'est point pour la gloire
Qu'il tente la victoire :
C'est pour l'amour.

Après plusieurs Airs dansés par les Bergers, EGLÉ danse, sa Guirlande à la main, & la jette enfin à MERCURE.

EGLE'.

Bergers, vôtre perſévérance
Exige de mon cœur le plus tendre retour.
s avez tous les droits que donne la conſtance:
is mon cœur ne ſe rend qu'aux atraits de l'Amour

EURILAS.

Pour un autre, Eglé ſe déclare!
Eſpoir flateur, qu'êtes-vous devenu?
is que je ſuis vangé par un choix ſi bizare!
Il falloit à ſon cœur un Berger inconnu.

MERCURE.

Au choix d'Eglé, ceſſe de faire injure;
Dans ce Berger reconnoiſſez Mercure.

n Amour vole, et aporte le Caducée qu'il re-
à Mercure.

CHOEUR.

*charmant Art d'Eglé, d'un Dieu même eſt vain-
queur!*

MERCURE.

Eglé va faire mon bonheur.

CHOEUR.

*harmant Art d'Eglé, d'un Dieu même eſt vain-
queur...*

ne Symphonie brillante, ſuſpend le chant des
gers, le Théâtre change, et repréſente un Jardin

MERCURE.

Mais par les ſoins des plus aimables Dieux,
De mille atraits nouveaux on voit briller ces lieux...
Ces ſons annoncent Terpſicore...
Les Faunes, les Silvains, empreſſés ſur ſes pas,
De la Bergere que j'adore
Viennent célébrer les appas.

SCENE DERNIERE.

TERPSICORE, et ſes Nimphes paroiſſent, en danſants au ſon de leurs Tambours; les Faunes, et les Silvains ſe mêlent à leurs danſes.

MERCURE, aux NIMPHES.

Contre l'Amour, jeunes Beautés,
Ne combattés
Que pour rendre les armes:
Vous lui devés vos charmes;
Ils vous fuiront, jeunes Beautés,
Si vous n'en profités.
Contre l'Amour, &c.

Danſe de TERPSICORE.

UNE BERGERE, à MERCURE.

Suivés les loix
Qu'Amour vient nous dicter lui-même;
Suivés les loix
Que nous chériſſons dans nos Bois.

CHOEUR, *Suivons les loix.* &c.

TROISIE'ME ENTRE'E.

LA BERGERE.

On fait un choix;
On aime, et pour toûjours l'on aime.

MERCURE ET LE CHOEUR. *Suivons les loix.* &c.

LA BERGERE.

L'amour vous apelle,
Aimés, soyés fidelle;
L'amour vous apelle,
Qu'il est doux d'entendre sa voix!

MERCURE.

Je fais un choix,
J'aime, et c'est pour toûjours que j'aime.
Suivons, &c.

AVEC LE CHOEUR.

Suivons les loix
Qu'Amour vient nous dicter luy-même.

LA BERGERE.

Nôtre ardeur constante,
Sans cesse s'augmente.

MERCURE, ET LA BERGERE.

Qu'icy chacun chante
Mille & mille fois:
Suivons, &c.

Danse des Nimphes.

MERCURE, à TERPSICORE.

Eglé me tient sous sa puissance ;
D'une Nimphe si belle augmentés votre cour ;
Vous verrés à jamais les Graces & l'Amour
Partager ma reconnoissance.

TERPSICORE prend EGLE' pour danser ; & toute sa Cour la reconnoît pour Nimphe de la Danse, dès que cette Muse lui a remis son Tambour.

MERCURE.

L'Objet qui regne dans mon ame,
Des Mortels & des Dieux doit être le vainqueur :
Chaque instant il m'enflame
D'une nouvelle ardeur.

Je m'abandonne à mon amour extrême ;
Et je fixe à jamais mes plaisirs en ces lieux ;
C'est où l'on aime
Que sont les Cieux.

L'Objet qui regne dans mon ame,
Des Mortels & des Dieux doit être le vainqueur:
Chaque instant il m'enflame
D'une nouvelle ardeur.

Danse des Nimphes, des Faunes, & des Silvains.

MERCURE.

Je fais mon bien ſuprême
Des fers que j'ai reçûs.
Que ne ſuis-je Amour même,
Pour aimer encor plus !

Qu'il vole, qu'il s'empreſſe
A nous voir dans l'yvreſſe
Des vives voluptés
De deux cœurs enchantés.

Témoins de ma tendreſſe,
Célébrés nos plaiſirs,
Bergers, chantés ſans ceſſe
L'Objet de mes deſirs.

AVEC LE CHOEUR.

Non, non, de {vos / nos} retraites
Les Hautbois, les Muſettes
Ne chanteront jamais
De ſi brillans attraits.

Une Contre-danſe termine cette derniere Entrée.

FIN.

APROBATION.

Ai lû par ordre de Monſeigneur le Chancelier, *les Fêtes d'Hebée,* *les Talens Lyriques, Ballet,* qui doit être repréſenté par l'Académie Royale de Muſique. A Paris, ce 9. May 1739.

DANCHET.

PRIVILEGE DU ROY.

LOUIS par la grace de Dieu, Roy de France & de Navarre: A nos amez & feaux Conseillers, les Gens tenans nos Cours de Parlement, Maîtres des Requêtes ordinaires de nôtre Hôtel, Grand Conseil, Prevôt de Paris, Baillifs, Sénéchaux, leurs Lieutenans-Civils, & autres nos Justiciers qu'il appartiendra, Salut. Nôtre cher & bien amé le Sieur LOUIS-ARMAND-EUGENE DE THURET, cy-devant Capitaine au Regiment de Picardie; Nous a fait représenter que, par Arrest de nôtre Conseil du 30. May 1733. Nous avons revoqué le Privilege qui avoit été accordé au Sieur le Comte & ses Associez, pour raison de l'Academie Royale de Musique, ses circonstances & dépendances, & rétabli ledit Privilege en faveur dudit Sieur Exposant, pour en joüir par luy, ses Associez, Cessionnaires & Ayans-cause aux charges & conditions portées par ledit Arrest, pendant le temps & espace de vingt-neuf années, à compter du premier Avril de ladite année 1733. Et que pour l'exploitation dudit Privilege, ledit Sieur Exposant se trouve obligé de faire imprimer & graver les Paroles & la Musique des Opera qui doivent être représentez; mais que pour cet effet il a besoin de nôtre permission & des Lettres qu'il Nous a tres-humblement fait supplier de luy accorder. A CES CAUSES, voulant favorablement traiter ledit Exposant: Nous luy avons permis & permettons par ces Presentes de faire imprimer & graver *les Paroles & Musique des Opera, Ballets & Fêtes qui ont été ou qui seront représentez par l'Academie Royale de Musique, tant séparément que conjointement* en tels Volumes, forme, marge, caractere, & autant de fois que bon luy semblera, & de les faire vendre & débiter par tout nôtre Royaume, pendant le temps de vingt-neuf années consecutives, à compter du jour de la datte desdites Presentes. Faisons défenses à toutes personnes, de quelque qualité & condition qu'elles soient d'en introduire d'Impression ou Gravüre Etrangere dans aucun lieu de nôtre obéïssance: Comme aussi à tous Imprimeurs, Libraires, Graveurs, Imprimeurs, Marchands en Taille-Douce, & autres de graver, ny faire graver, imprimer, ou faire imprimer, vendre, faire vendre, débiter ny contrefaire lesdites Impressions, Planches & Figures de Paroles de Musique des Opera, Ballets & Fêtes, qui ont été ou qui seront representez par ladite Academie Royale de Musique, tant separément que conjointement en tout ny en partie, sans la permission expresse & par écrit dudit Sieur Exposant, ou de ceux qui auront droit de luy; à peine de confiscation, tant des Planches & Figures, que des Exemplaires contrefaits & des Ustanciles qui auront servy à ladite contrefaçon, que Nous entendons être saisis en quelque lieu qu'ils soient trouvez; de dix mille livres d'amende contre chacun des Contrevenans, dont un tiers à Nous, un tiers à l'Hôtel-Dieu de Paris, l'autre tiers audit Sieur Exposant, & de tous dépens, dommages & interests, à la charge que ces Presentes seront enregistrées tout au long sur le Registre de la Communauté des Libraires & Imprimeurs de Paris, dans trois Mois de la datte d'icelles; Que la Gravüre & Impression desdites Paroles & Opera sera faite dans nôtre Royaume & non ailleurs, en bon papier & beaux caracteres, conformément aux Reglemens de la Librairie, & notamment à celui du dix Avril 1725. & qu'avant que de les exposer en vente, les Manuscrits gravez ou imprimez seront remis dans le même état où les Aprobations auront été données és mains de nôtre tres-cher & feal Chevalier Garde des Sceaux de France, le Sieur Chauvelin; & qu'il en sera ensuite remis deux Exemplaires de chacun dans nôtre Bibliotheque publique, un dans celle de nôtre Château du Louvre, & un dans celle de nôtre tres-cher & feal Chevalier Garde des Sceaux de France, le Sieur Chauvelin; Le tout à peine de nullité des Presentes; Du contenu desquelles Vous mandons & enjoignons de faire joüir ledit Sieur Exposant, ou ses Ayants-cause, pleinement & paisiblement sans souffrir qu'il leur soit fait aucun trouble ou empeschement. Voulons que la Copie desdites presentes, qui sera imprimée tout au long au commencement ou à la fin desdites Paroles ou Opera, soit tenuë pour dûëment signifiée; & qu'aux Copies collationnées par l'un de nos amez & feaux Conseillers & Secretaires, foy soit ajoûtée comme à l'Original. Commandons au premier nôtre Huissier ou Sergent, de faire pour l'execution d'icelles tous Actes requis & necessaires, sans demander autre permission, & nonobstant Clameur de Haro, Chartre Normande & Lettres à ce contraires. CAR tel est nôtre plaisir. DONNE' à Fontainebleau le douziéme jour de Novembre, l'An de Grace mil sept cent trente-quatre, & de nôtre Regne le vingtiéme; *Et plus bas*, Par le Roy en son Conseil. *Signé* SAINSON, avec paraphe.

J'ay cedé à M. BALLARD le present Privilege, suivant le Traité fait avec luy le premier Septembre 1730. A Paris ce 23. Novembre 1734. DE THURET.

Registré ensemble la Cession, sur le Registre VIII. de la Chambre Royale des Libraires & Imprimeurs de Paris N. 797. fol. 779. conformément aux anciens Reglemens confirmez par celuy du 28. Fevrier 1723. A Paris, le 23. Novembre 1734. G MARTIN, Syndic.

www.ingramcontent.com/pod-product-compliance
Lightning Source LLC
LaVergne TN
LVHW010054230826
846091LV00005B/1927

* 9 7 8 2 0 1 2 7 3 2 1 0 0 *